AF224494

OPINION

De M. Chepy, Avocat, Membre de la Société des Amis de la Constitution,

Sur cette question :

A qui doit-on déléguer l'accusation publique ?

CHEZ un Peuple qui a reconquis les droits imprescriptibles de la nature, et qui tend à la perfection du systême social, toutes les institutions doivent être coordonnées à la liberté. C'est d'après ce principe, qui, j'espère, ne trouvera point ici de contradicteurs, et que l'Assemblée Nationale a consacré tant de fois d'une manière si éclatante, qu'il faut examiner s'il convient de laisser au ministère public l'accusation publique, ou s'il est à propos de la détacher de ses fonctions, et d'en donner l'attribution à un Juge dans chaque tribunal.

Pour donner à cette question délicate le développement dont elle est susceptible, pour la présenter sous son véritable

A

point - de - vue , je fixerai d'abord vos esprits sur la place qu'occupe le ministère public dans l'organisation judiciaire décrétée par l'Assemblée Nationale.

Que sont les Officiers du ministère public? Ce sont des Commissaires près les Tribunaux nommés à vie par le pouvoir exécutif.

De cette définition exacte , et réduite à ses termes élémentaires , il suit nécessairement , ce me semble , qu'il est inconstitutionnel et incalculablement dangereux de leur confier l'accusation publique.

Pour démontrer jusqu'à l'évidence cette proposition , qui , au premier aspect , ne paroît peut-être offrir que la hardiesse du paradoxe , je vous demande quelques momens d'attention et sur-tout d'indulgence.

Je commencerai par vous exprimer l'idée que je me fais d'un accusateur public, intimement convaincu que quiconque n'embrassera point toute l'étendue de ses obligations , n'abordera pas même la question. Quand je parle d'un accusateur public, je me représente un homme d'une moralité saine et profonde, de cette fermeté calme qui exclut toutes les passions , excepté l'amour du bien général , de ce courage saintement âpre qui s'irrite des obstacles et se nourrit de ses efforts ; un homme riche de patriotisme , fort de sa conscience , un homme enfin qui ose toujours être juste et vertueux. Ces qualités sont insuppléables sans doute : eh bien, Messieurs, les Commissaires du pouvoir exécutif sont , pour ainsi dire, condamnés par les circonstances qui les environnent, à ne jamais les réunir.

Nommés à vie , cette crainte salutaire de l'opinion , qui accompagne les fonctions temporaires , ne pesera point sur eux. Bientôt ils regarderont l'accusation publique , non plus comme l'auguste Sacerdoce de la Patrie , mais comme leur propriété, comme leur patrimoine. Ils feront moins pour leurs Concitoyens , précisément parce qu'ils auront une existence indépendante de leurs suffrages. Ajoutez à cela l'habitude du pouvoir l'orgueil de l'inamovibilité , et vous aurez déja une somme d'inconvéniens suffisante pour faire pencher votre détermination en faveur de l'avis du Comité de Constitution.

Mais il est encore des considérations majeures, des motifs impérieux, qui ne vous permettent point de ne pas l'adopter.

Choisis par le pouvoir exécutif, c'est-à-dire, par le ministère, les Commissaires près les tribunaux en seront les agens. Pour ne point effrayer, par des transitions trop brusques, et des conséquences trop tranchantes, ces ames pusillanimes qui ne voient jamais le mal ou qui cherchent toujours à le pallier, je raisonnerai dans deux hypothèses. Ou les Commissaires du pouvoir exécutif près les Tribunaux ne seront pas corrompus, ou ils le seront. S'ils ne sont pas corrompus, étant dans une dépendance immédiate du pouvoir exécutif, tenant tout de lui, ayant tout à espérer et à redouter de lui, quel que soit leur civisme et la rectitude de leurs intentions, l'influence ministérielle qui les investira, si elle n'étouffe pas leur voix, en affoiblira du moins les accens. Ils croiront n'être que reconnoissans envers les auteurs de leur élévation, quand ils auront déja manqué à la chose publique. En un mot, continuellement pressés entre leurs intérêts et leurs devoirs, ils auront sans cesse à soutenir un combat pénible, et c'est ne pas connoître, les hommes que de les y exposer. Je le dirai hautement : si l'Assemblée Nationale les y livroit, elle se rendroit complice de leurs fautes et de leurs erreurs. S'ils sont corrompus au contraire, ce qui est voisin de la vraisemblance, quels malheurs affreux nous menacent! En effet, il y aura, dans tous les temps, des Ministres, c'est-à-dire, des hommes ennemis par état de la liberté, assez stupides pour n'en pas sentir le prix, et assez audacieux pour l'envier à leurs semblables. Il ne sera pas toujours assis sur le trône ce Monarque honnête homme, ce Monarque Citoyen, qui, trop grand pour n'être qu'un despote, a trouvé dans son cœur le besoin d'aimer la Révolution et d'être Roi d'un Peuple libre. Un jour viendra peut-être où un Prince, aveuglé par l'ambition, tentera de nous forger des fers. Alors, Messieurs, en laissant aux Commissaires du pouvoir exécutif l'accusation publique, nous lui fournirions contre nous des armes terribles. Il trouveroit, dans ces Commissaires, les instrumens de ses desseins et de ses fureurs. On les verroit traîner

au pied des Tribunaux les plus zélés dé-
fenseurs de la Constitution , les harceler
par des accusations calomnieuses , les tour-
menter , les travailler par de violentes per-
sécutions , se servir du glaive de la Loi
pour les immoler ; enfin , souiller toute la
France d'assassinats juridiques. Eh! qu'on ne
me dise pas que ces appréhensions sont exa-
gérées , et qu'il y a de l'inconvenance à dé-
plier les voiles d'un si triste avenir. En fait
de liberté , il n'est point de crainte exces-
sive. C'est à la prudence à conserver ce que
l'héroïsme a conquis. Nous nous devons à
nous-mêmes les précautions les plus multi-
pliées , car désormais tout François doit
vivre libre ou mourir.

Le pouvoir exécutif aura toujours assez
de ressources , assez de moyens pour en-
treprendre sur nos droits , et nous n'en
aurons jamais trop pour repousser ses atta-
ques. Laissons-lui , puisqu'il le faut , son
or séducteur , le souvenir de quatorze
siècles d'esclavage , et cet art exécrable
qu'on a décoré des noms pompeux de poli-
tique et de science du Gouvernement ; mais
ne remettons pas entre ses mains la verge
sanglante de l'accusation publique.

Après avoir appelé vos regards sur les suites funestes que pourroit avoir la délégation de l'accusation publique , aux Commissaires du pouvoir exécutif ; après avoir parcouru avec vous la série des possibles je dirai mieux, des probables , il me reste une autre tâche à remplir , c'est de réfuter les objections hasardées contre le plan du Comité de Constitution.

Elles peuvent se réduire à trois : la première , que l'influence du ministère public sera presque nulle , les Juges étant vis-à-vis de lui dans la proportion de cinq contre un ; la deuxième , qu'en laissant au Roi la nomination du ministère public , l'Assemblée Nationale a entendu laisser au ministère public la plénitude des fonctions qu'il exerçoit auprès des anciens Tribunaux ; la troisième enfin , que le pouvoir exécutif étant chargé de maintenir la tranquillité , c'est à ses délégués seuls qu'il appartient de dénoncer les délits qui tendent à la troubler.

Je répondrai brièvement. Quant à la première objection , tous ceux qui ont couru la carrière des loix savent tout le poids que donne à une dénonciation la gravité du ministère public et l'idée d'impartialité qui y est attachée. Ils savent combien il est difficile aux Magistrats de se défendre des impressions que veulent leur communiquer les surveillans et les gardiens de l'ordre. D'ailleurs, il ne s'agit point ici du plus ou moins d'effet de l'accusation ; quand elle n'en produiroit pas d'autre que de fatiguer le patriotisme par la fréquence de ses atteintes, ce seroit toujours un grand avantage que nous abandonnerions à nos ennemis.

La deuxième objection est peut-être plus spécieuse ; mais quelques réflexions simples en détruiront bientôt l'éclat sophistique. L'Assemblée Nationale , ou, ce qui est la même chose , la Nation, en admettant, comme partie intégrante dans le systême judiciaire, le ministère public, l'a créé une seconde fois. Or , la puissance qui crée a incontestablement le droit de modifier. Eh quoi ! l'on refuseroit à la Nation de qui émanent tous les pouvoirs, la faculté de constituer des fonctions qui n'existent que

par

par elle et que pour elle, de manière à ce qu'elles ne puissent nuire à sa liberté! En déléguant au pouvoir exécutif le droit de nommer les Officiers du ministère public, elle n'a pu aliéner le droit qu'elle a essentiellement d'établir entr'elle et leur institution les rapports qu'elle juge propres à assurer son bonheur. Méconnoître ces principes, ce seroit tomber dans les absurdités les plus révoltantes.

La troisième objection est le nœud de la question. Je m'attacherai donc à la combattre avec vigueur. De ce que le pouvoir exécutif est chargé de maintenir l'ordre, s'ensuit-il que ses délégués seuls doivent dénoncer les délits qui tendent à le troubler? Non, sans doute. Si, comme je crois l'avoir rigoureusement prouvé, la délégation de l'accusation publique aux Commissaires du pouvoir exécutif, seroit attentatoire à la liberté, la Nation qui ne peut aliéner sa liberté, ne pourroit leur confier cette même accusation, quand elle devroit leur être donnée par la nature de leurs fonctions, quand, sans elle, ils ne pourroient les remplir. Mais leur position n'est pas telle , et sans être chargés de l'accusation publique , ils peuvent maintenir l'ordre dont ils sont les conservateurs , ils peuvent acquitter la dette du pouvoir exécutif envers la Nation. Ils n'auront point , il est vrai , l'initiative de l'accusation , parce qu'en eux cette initiative seroit destructrice de la liberté. Mais ils auront encore tout ce qui leur appartient , je veux dire la faculté de peser le délit dénoncé , de le présenter aux Tribunaux sous les rapports qu'ils l'estimeront avoir avec la chose publique, et d'en poursuivre la punition. En voilà strictement assez pour le maintien de l'ordre et pour l'accomplissement des obligations du pouvoir exécutif. Un pouvoir plus étendu compromettroit la Constitution.

Je terminerai ici le cours de mes observations. Jeune , sans expérience , dénué de cette éloquence , heureux véhicule des vérités utiles , j'ai dû vous paroître téméraire d'avoir monté à cette Tribune , où tant d'excellens Publicistes , tant d'Orateurs célèbres se font entendre chaque jour ; mais ,

Messieurs , voici mon excuse ; je suis au mi-
lieu des Amis de la Constitution , et j'ai osé
parler de liberté.

CHEPY , Avocat.

À PARIS , DE L'IMPRIMERIE NATIONALE.